ポートフォリオを始めよう！

自分の未来をよくするために、今できることをスタートしよう

たとえば、一週間に一冊の本を読む
サッカーのシュートを毎日50本打つ
夏休みに通いつめた博物館……
そのすべての軌跡をとっておこう

自分がやったことをポートフォリオに入れておこう
心をこめた作品、生み出した成果、
ささやかなことでいい、
未来のためにとっておこう
自分が感じたことをポートフォリオに入れておこ
メモでも写真でもよし、手紙でも記録でもよし…

そのすべてを入れておこう
いつかそれがあなたの未来をひらくときがやってくる

だから……
さあ、ポートフォリオを始めよう!!

ポートフォリオってどんなもの？

■ ポートフォリオは「自分」を伝えるもの

　ポートフォリオとは、建築家やデザイナー、カメラマンなど個性を活かして仕事をしている人が持っている作品ファイルです。これまでにやってきた仕事や活動がひとめでわかるポートフォリオは、名刺や履歴書では表せない個性や得意を伝え、その人の夢の実現に役立ちます。

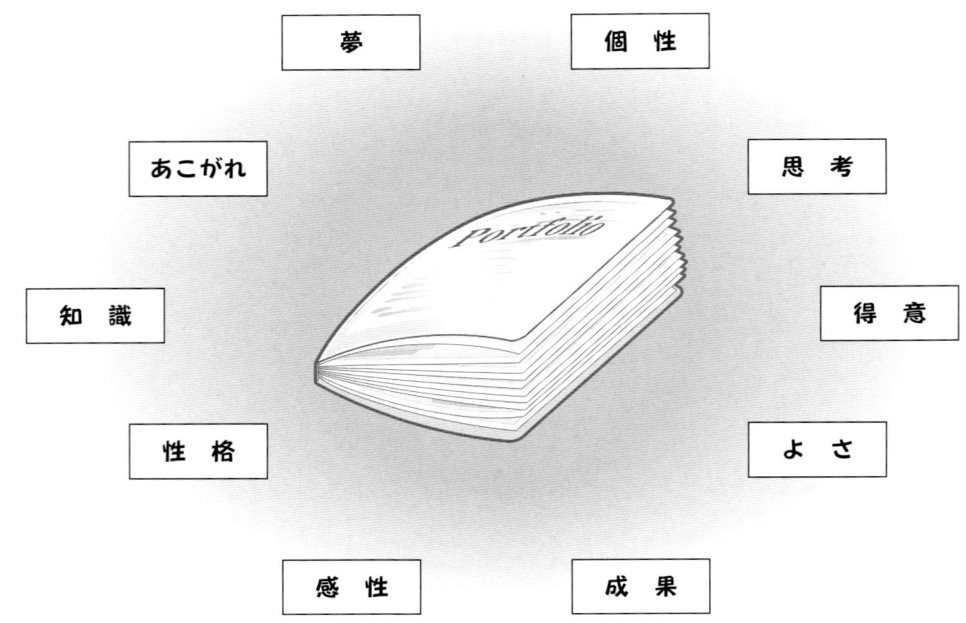

　「ポートフォリオ」を辞書でひくと「紙ばさみ」あるいは「折り鞄、書類入れ」と出ています。その機能は一枚一枚になっているものがバラバラにならないように一つに綴じるもの、つまり「情報の一元化」です。
　あるテーマに関する情報を一元化すると「価値ある何か」が見えてきます。これがポートフォリオの神髄なのです。

ポートフォリオとは…

・正確かつ具体的な自己紹介ファイル

・個性や能力、センスが伝わる作品歴、実績歴、活動歴ファイル

・推薦状や賞状など公的な価値をもつ評価も入っているファイル

・その人のこれまでの歴における成果や記録、プロセスが見えるもの

ポートフォリオとは、自分のこれまでの歴を未来に活かす意図で一元化したもの

ポートフォリオでこんないいことが！

■個性の時代だから…

21世紀は変化の時代です。この新しい時代には、与えられたことができる人ではなく、自分の頭ですべきことを判断し、新しい考えや仕事を生み出せる人こそが求められています。創造力や個性的なものの考え方を活かし、勇気をもってチャレンジできる人を未来は待っているのです。

子どもたちには、自分の考えや個性を必要な場面で出せる強い心をもって、この時代を生きてほしいと願います。ここにポートフォリオが役立ちます。

■ポートフォリオで未来へ…

子どもたちに自信をもってもらいたい。自分の個性や得意を活かし、いい未来をつかんでほしい。…ポートフォリオは、こんな願いをかなえます。

◇自信がもてる

　自分のプラスを見出し、それに関する様々なものを実際に綴じていくポートフォリオは、自分に自信がもてるようになるすばらしい効果があります。

◇個性や得意が発見できる

　子どもたちには自分の「個性」を伸ばしてほしいと思います。ポートフォリオには、自分のよいところや「得意」や「強み」が入っています。「個性を伸ばす」とは、自分の得意や強みを発見し、そこに栄養を注いで決定的な強みにしていくことです。ここにポートフォリオが役立ちます。

◇自己紹介がうまくなる

　ポートフォリオ作りを経験すると、自信をもって「私は○○をしています。○○が得意です。」と言える前向きではっきりとした自己紹介ができるようになります。自分を人に伝えられることは、自分の未来に大きく役立ちます。

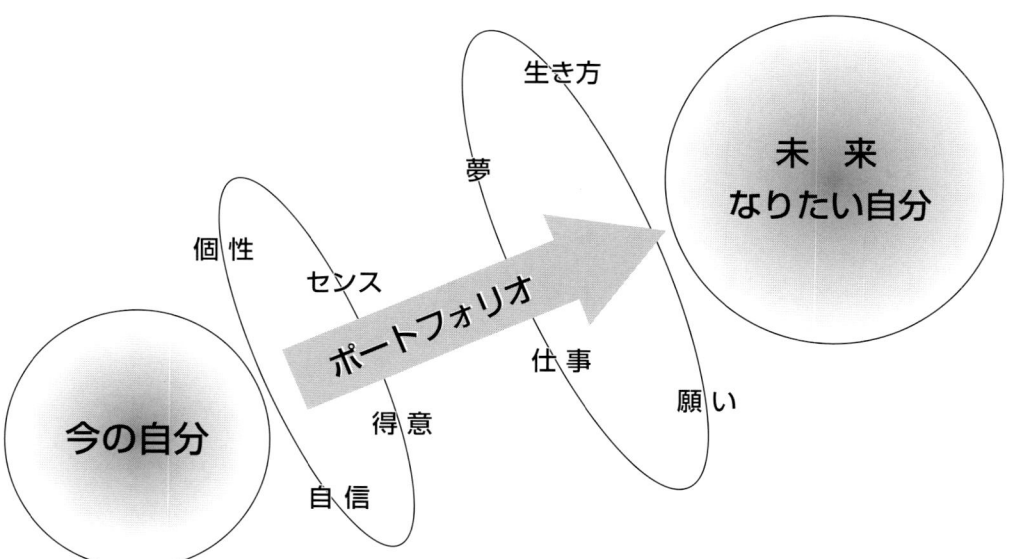

ポートフォリオを作り、自分の個性や得意を未来へ活かす生き方を描こう。その未来へ向かって必要な力を身につけよう。さあ、今この瞬間からその目標を目指そう。きっと心満ちる人生となるはず！

ポートフォリオはこう作る！

■ポートフォリオに入れるものは…

「自分発見ポートフォリオ」とは、活動や作品、実績など「自分がやってきたことや生み出したことが伝わるもの」をファイル化したものです。

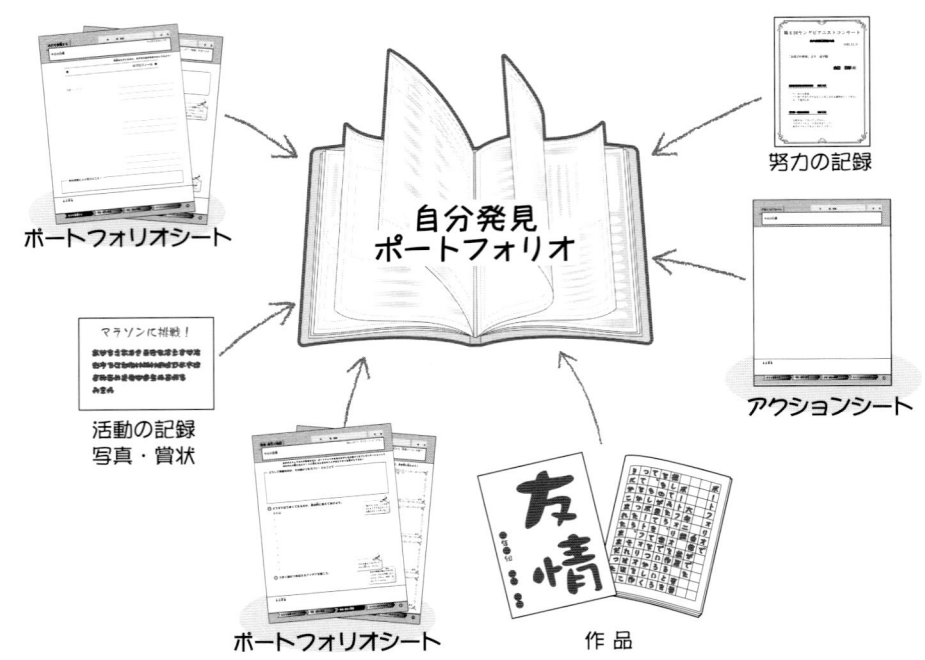

- ポートフォリオシート
- 努力の記録
- 活動の記録 写真・賞状
- アクションシート
- ポートフォリオシート
- 作品

――― ポートフォリオの中身 ―――
- 夢や関心、興味あることを書いたもの
- 自分の持ち味やセンス、得意、個性が伝わるもの
- 作文、作品、学習成果が見えるもの
- ボランティアなどの活動記録
- 読書歴、コンピュータ歴、博物館訪問歴など
- 賞状、資格やスキルなどの公的評価など

――― ポートフォリオ作りのルール ―――
- 入れるものには日付や関連情報を添えておく
- 前のページから時系列に入れていく

■ファイルは…

ファイルには、2穴のファイルやバインダー式、ルーズリーフ型などいろいろありますが、ポートフォリオには「クリアポケットファイル」がお勧めです。

――― だからクリアポケットファイルがいいのです！ ―――
- 簡単に入れられて、出し入れしやすい！
- ページが袋状だから中に入れるものの大きさが違っても大丈夫！
- パラパラと俯瞰しやすい（16穴・2穴だとパラパラめくりにくい！）
- 「この先何を入れようかな」と楽しい気持ちが湧く！

ポートフォリオで自分を発見するために

■ **自分を発見するために…**

ポートフォリオファイルから個性や得意を発見するためには、「これまでの自分」に関するものばかりでなく「今の自分の思い」や「将来の自分」への夢やイメージもふんだんに入っていることが不可欠です。ここに『自分発見ポートフォリオシート集』が役立ちます。

■ **2種類のシートの使い方**

● ポートフォリオシート

すべてのシートは目標、活動、自己評価の流れになっています。

目標
・授業のはじめに、必ず目標を書いてから活動をスタートする。目標はできるだけ具体的に書く。
・今日することを自分で書き込むことで、子ども自身が「立ち位置」を確認し「意志ある学び」が可能になる。

活動
・思考や行動を促す問いかけの文があり、子どもがそこで考えたことや思ったことを書く。

自己評価
・授業終了前には今日の目標と、活動の成果を照らし合わせ、自分で評価して、感じたことや気づいたことを書く。

ポートフォリオシート

○を活かして、顔や円グラフなどでその日の気持ちを表す。

● アクションシート

ポートフォリオシートのほかにアクションシートを使います。アクションシートは、子どもが主体的に考えるために効果的なシートです。子どもが自らの考えで、自分の目標、活動、評価までができるものです。アクションシートを活かすことで活動が「やりっぱなし」になりません。一つの目的に一枚のアクションシートを使います。

アクションシートの活かし方
http://www.suzukitoshie.net/2001/7act.html

アクションシート

➡ 次ページよりシート解説が始まります。Webサイトとあわせてご覧ください。

ポートフォリオを作ることは楽しい作業です。子どもたちは喜んで進めます。
一つでも二つでも自分に関するものをポートフォリオに入れ始めたら、もうOK！
ポートフォリオは子どもたちの宝物になっていきます。
楽しみながらすること、これが何より大事！
さあ、スタートしましょう。

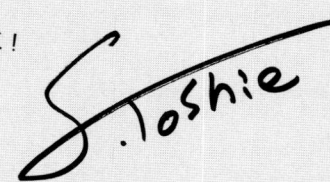

シート解説の見方

ここから授業に活かすためのシートの解説が始まります。

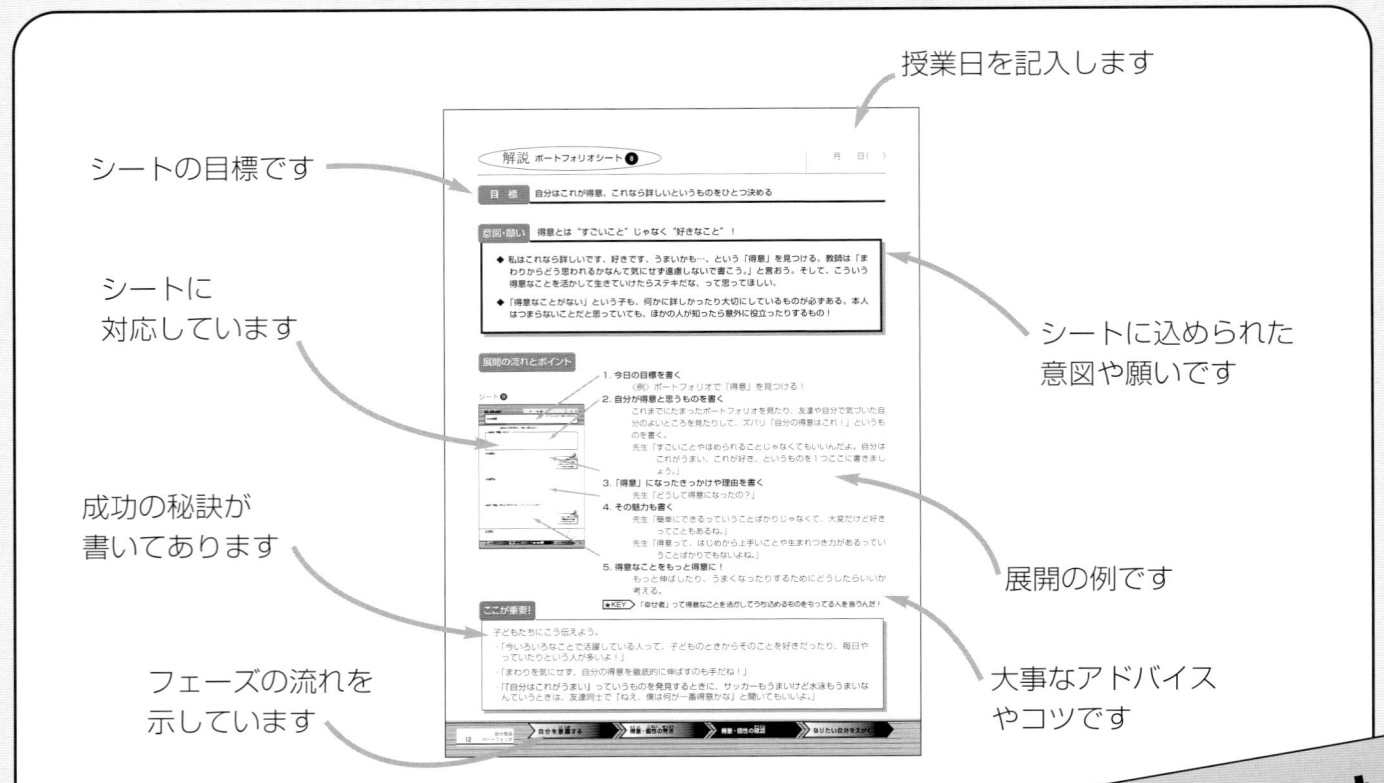

- シートの目標です
- シートに対応しています
- 成功の秘訣が書いてあります
- フェーズの流れを示しています
- 授業日を記入します
- シートに込められた意図や願いです
- 展開の例です
- 大事なアドバイスやコツです

シート解説を楽しく動画で！ http://www.mirai-portfolio.net

絶対ルール
★シート①はクリアポケットファイルのいちばん前に入れる。
★その他のシートは活動の際、手に入った情報とともに入れていく。
★決してシートだけを入れて終わりにしない。集めたものや資料を必ず一緒に入れる。

解説 ポートフォリオシート ❶ 目標シート   月　日（　）

シート❶

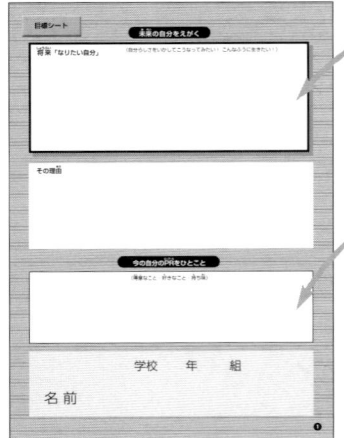

「なりたい自分」を書く
前向きに生きるためには「目標＝なりたい自分」をもつことが必要。だからここに未来をイメージし、「なりたい自分」とその理由を書く。シート⓭で決めたら、あらためて書く。

今の自分の PR をひとことで書く
自分が読んでも元気になるような「よさ」を盛り込みながら「自己PR」を遠慮しないで書く。あらたに「コレも！」と思ったら足して書く。

★KEY　はっきり見えるように濃いペンで大きく書き、ファイルの一番前に入れる。いつでも「目標」を忘れないように！

★KEY　このシートはいつ記入してもよい。また、途中で変わったら、消しゴムを使わず線を引いて消し、新しく書く。

解説 ポートフォリオシート ❷

月　日（　）

目標
何のためにポートフォリオをするのか理解し、そのゴールのイメージをつかむ

意図・願い
"これから"を俯瞰する！

- ◆ ポートフォリオをするねらいと、そのためにどんなことをするのかこれからの流れを俯瞰し、理解する。
- ◆ ポートフォリオは、自分の作品や活動歴などの情報、集めた資料をどんどんファイルに入れていってはじめて成立することをつかむ。

展開の流れとポイント

シート❷

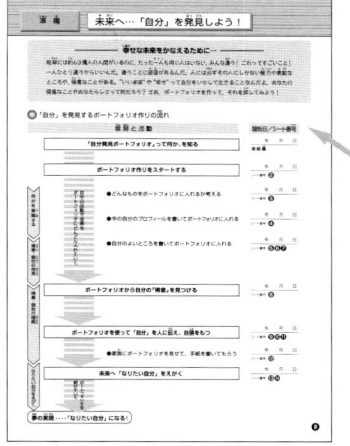

1. 何のために「自分発見ポートフォリオ」をするのか考える

「自分発見ポートフォリオシート集」の表紙の裏を見て、まず、ポートフォリオが何の役に立つのかをつかむ。

先生「個性を発揮していく時代です。まずは自分の個性や得意を自分自身で知る必要があります。ポートフォリオ作りをしていくと自分の得意や個性を発見でき、それを堂々と人に伝えることもできるようになります。楽しい時間ですよ！」

2. 「自分発見ポートフォリオ」の展開と流れについて理解する

これからどう進めるのか大きくフェーズの流れを俯瞰し、予定している月日を記入する。

①まずは、「自分を意識」する。そのために自分に関するものをポートフォリオに入れたり、自分のプロフィールを書いたり、自分のよさを見つけ出したりする。

②たまったポートフォリオをめくりながら自分の得意や個性を見つけ、どうして得意なのか友達にプレゼンテーションして互いに得意や個性を確認し合う。

③なりたい未来の自分を描き、目標シート❶に書く。そのあともずっと、自分に関するものをポートフォリオに入れ続けていく。

ここが重要！

- ・常に「何のために何をするのか」を子ども自身が知っていることが大事。そのために全体をみんなで俯瞰し、「自分発見ポートフォリオ」をするねらいと価値を子どもたちに伝えてから始める。
- ・「自分を伸ばすことができるのは、教師でも親でもない、自分自身だ。そのためには自分を知ること、自分を見ることが大事。ここに自分発見ポートフォリオは役に立つんだよ！」と子どもたちに伝える。

解説 ポートフォリオシート ❸

月　日（　）

目標　ポートフォリオにはどんなものが入るのかイメージして前向きな気持ちになる

意図・願い　ポートフォリオに"自分"を入れる！

◆ 楽しい気分で、ポートフォリオに入れるものがたくさん思い浮かぶようにする。学習したこと、活動したこと、自分の特長を示すものを具体的に思い浮かべる。

◆ 教師は、子どもたち一人ひとりの自由度をおおらかに受けとめるようにする。ポートフォリオに自分に関するものを入れることをワクワク感じられてこそ、ポートフォリオの存在が価値をもち、自分発見は成功する。

展開の流れとポイント

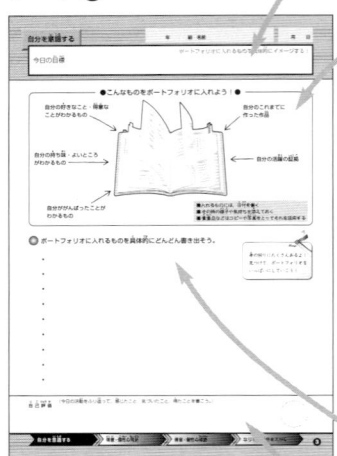
シート❸

1. 今日の目標を書く
   〈例〉ポートフォリオに入れるものを具体的にイメージする！

2. どんなものが入るか、イラストを見ながら子どもたちとイメージする
   先生「あなたがこれまで活動したことや得たことをどんどんファイルに入れていきましょう。これまでに作ったものとか、大切に思っているものでもいいね。それは、家の押入れや机の中、アルバムの中にあるかもしれませんね。あなたの記憶の中にもあるよね。そういうものは紙に書き出して入れればいいね。絵や賞状などは、そのときの状況や気持ちを書いたメモも添えてあるといいね。」
   先生「入れるものには日付を必ず添えよう。なぜその必要があると思う？」
   先生「入らないものや貴重品はどうしたらいいと思う？」

3. 自分だったらこんなものを入れる、というものを書く

4. 授業をふり返り、「今日の目標」と「活動」を照らし合わせて自己評価を書く
   先生「今の自分の気持ちや今日の活動がどうだったか感想を書こう。」
   ※以下のシートも、同様に授業の終わりに自己評価を書く。（以下略）

★KEY　初めからあれもこれもと欲張らないことも成功の秘訣！

ここが重要！

・ポートフォリオには、「正解」も「完成」もない。「これが正しいポートフォリオ」というものもない。その人らしさがたっぷり伝わることが第一。

・ポートフォリオは、このシート集を全部記入すれば終わりというものではないし、ある期間だけポートフォリオへいろいろなものを詰めて終わりというものでもない。

・「私、何にも入れるものないもん…」という子には、「あなたが大事にしていることは何？」あるいは、「好きなものは？　何か集めているものは？」と優しく聞こう。

解説 ポートフォリオシート ④

月　日（　）

目　標　「今の自分」を前向きな気持ちで意識する

意図・願い　今の自分を見る！

◆ このシートに、自分をシンプルに表現することで、今の自分を意識する。

◆ お気に入りの写真やイラストなどを活用し、一人ひとりの自由な発想で表現することを尊重する。

◆ 今の自分を表現することで、まず「自分」をまっすぐに受けとめて感じてほしい。

展開の流れとポイント

シート❹

1. **今日の目標を書く**
　〈例〉今の自分をあらわす！

2. **簡単なプロフィールを書く**
　自分なりの表現方法でOK。文章だけでも、写真やイラストなどを活用してもOK。

3. **今のお気に入りをひとこと**
　先生「それをしているとワクワクしたり、心が平和になるものを書こう。ゲームや歌でもいい。」

★KEY　写真がない子どもには、教室でデジカメを使って撮影してプリントアウトしても楽しい。

ここが重要！

・自分でも見ていて楽しく、それでいてしっかりと大切な言葉が入っていること！

自分を意識する ≫ 得意・個性の発見 ≫ 得意・個性の確認 ≫ なりたい自分をえがく

自分発見ポートフォリオ　9

解説 ポートフォリオシート ❺

月　日（　）

目標
自分のよいところを見出し、自分に自信をもつ

意図・願い　自己肯定感がすべての源！

◆ 子どもたちは、自分で自分のよいところを表明することは、自慢するようで"いけないこと"と感じがち。だから教師は、ニッコリと「『自分のいいところ』を表現することって自慢じゃないんだよね。自分を相手に伝えるって、いいことなんだよ。」と励ますことが大事。

◆ 子どもがニコニコと自分を見つめてどんどん書ける雰囲気をつくる。

展開の流れとポイント

シート❺

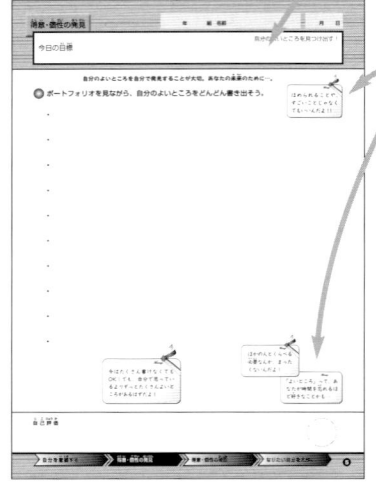

1. 今日の目標を書く
〈例〉自分のよいところを見つけ出す！

2. シートの中の「メッセージカード」を読む
自分のよいところをどんどん書き出す。
先生「今日はポートフォリオを見返しながら、自分の得意やよいところをたくさん探してみよう。」
付箋を用意しておき、ポートフォリオの中から、"ここ"と思ったところに付箋を貼り、そのあとでこのシートに書き出すとよい。

★KEY　自分を認め大切にする気持ちがある人は、人にも優しくできるもの。

★KEY　「短所」という表現はありえない。例えば、無口な子であれば、それは「短所」でなく「落ち着いている」と受けとめられる。

★KEY　子どもたちは普段「ダメね」「ここを直しましょう、注意しなさい」と言われることはあっても、「あなたは〇〇が特にいいね」「その〇〇素敵ね」とほめられた経験は少ない。だから自分でも自分のよくないところばかり考えがち……。まず、ここからギアチェンジしよう！
ポジティブな言葉！　日々、笑顔で！

ここが重要！

・「この世にたった一人しかいない自分を大切にしよう。そのためには、まず自分で自分のよさ、自分らしさを前向きに考えることが大事なんだよ。」と伝えよう。

・「書くことがない」という子には「好きなことは何？」と尋ねよう。「動物が好き」「走るのが好き」ということでもOK。

・自分のよいところを伸びやかにどんどん書けるようになるかどうかは、教師自身の笑顔やポジティブさ、前向きな表現力にかかっている。

解説 ポートフォリオシート ❻ ❼

月　日（　）

目標　自分では気がつかない自分のよさを互いに見出し合う

意図・願い　"よさ"を発見する視力をもとう！

◆ ほめられて悪い気になる人はいない。認められれば誰だって嬉しい。友達同士互いによいところを見つけ合い、それを口で言うだけでなく、「紙に書いて渡す」というシーン自体に価値がある。教室中がいい雰囲気に満ちる。

◆ もらった言葉で嬉しいと思った箇所に、マーカーなどで印をつけることで、更に自尊感情が湧く。

展開の流れとポイント

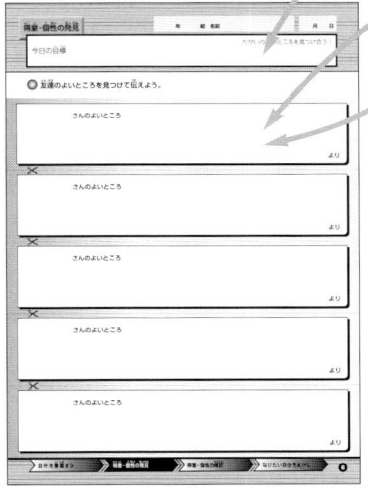
シート❻

1. 今日の目標を書く
   〈例〉たがいのよいところを見つけ合う！
2. 友達のよいところを見つけ合ってカードに書く
3. カードを書き終わったら、切り取って交換する

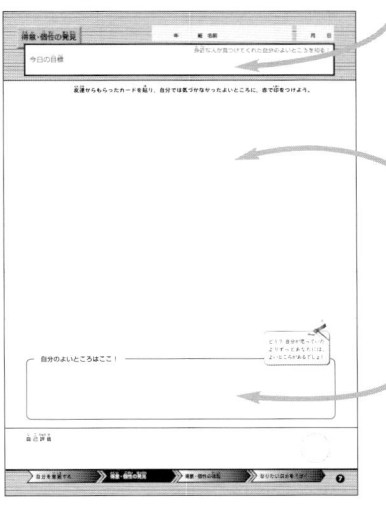
シート❼

4. 今日の目標を書く
   〈例〉身近な人が見つけてくれた自分のよいところを知る！
5. 友達や先生からもらったシート❻のカードを貼る
   「ここがよいところと言われて嬉しい」という箇所にマーカーや赤鉛筆で印をつける。
6. 貼り終えたカードを見て、自分のよいところをあらためて書く

★KEY　子どもたちが照れても、先生は明るい声で遂行しよう。内心は嬉しい気持ちなのだから。

ここが重要！

・この授業では、楽しい空気が教室に満ちる。多少にぎやかになっても、教師はおおらかに見ていよう。
・同じサイズの紙を用意し、「足りないときはここに紙がありますよ。」と笑顔で言って、互いにどんどん書き合うことを促す。
・みんなが交換し合えるように教師が配慮する。

解説 ポートフォリオシート ❽

月　日（　）

目標　自分はこれが得意、これなら詳しいというものを一つ決める

意図・願い　得意とは"すごいこと"じゃなく"好きなこと"！

- ◆ 私はこれなら詳しいです、好きです、うまいかも…、という「得意」を見つける。教師は「まわりからどう思われるかなんて気にせず遠慮しないで書こう。」と言おう。子どもたちには、こういう得意なことを活かして生きていけたらステキだな、と思ってほしい。
- ◆ 「得意なことがない」という子も、何かに詳しかったり大切にしているものが必ずある。本人はつまらないことだと思っていても、ほかの人が知ったら意外に役立ったりするもの！

展開の流れとポイント

シート❽

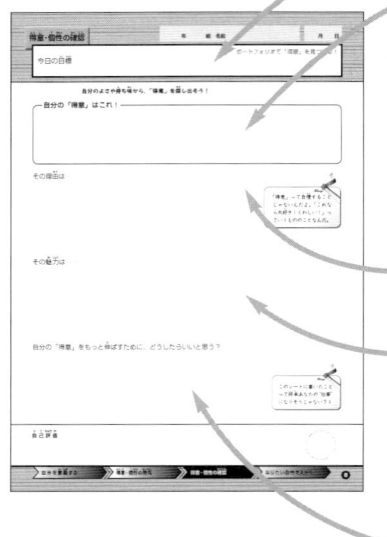

1. **今日の目標を書く**
   〈例〉ポートフォリオで「得意」を見つける！
2. **自分が得意と思うものを書く**
   これまでにたまったポートフォリオを見返したり、友達や自分が気づいた自分のよいところを読んだりして、「自分の得意はこれ！」というものをズバリ書く。
   先生「すごいことやほめられることじゃなくてもいいんだよ。自分はこれがうまい、これが好き、というものを一つここに書きましょう。」
3. **「得意」になったきっかけや理由を書く**
   先生「どうして得意になったの？　好きになったきっかけは？」
4. **その魅力も書く**
   先生「簡単にできるっていうことばかりじゃなくて、大変だけど好きってこともあるね。」
   先生「得意って、はじめからうまいことや生まれつき力があるっていうことばかりでもないよね。」
5. **得意なことをもっと得意に！**
   もっと伸ばしたり、うまくなったりするためにどうしたらいいか考える。

★KEY　「幸せ者」って、得意なことを活かして打ち込めるものをもってる人をいうんだ！

ここが重要！

子どもたちにこう伝えよう。
- 「今いろいろなことで活躍している人って、子どものときからそのことを好きだったり、毎日やっていたりという人が多いよ！」
- 「まわりを気にせず、自分の得意を徹底的に伸ばすのも手だね！」
- 「『自分はこれがうまい』っていうものを発見するときに、サッカーもうまいけど水泳もうまいなんていう場合は、友達に『ねえ、僕は何が一番得意かな』と聞いてもいいね。」

解説 ポートフォリオシート ❾

月　日（　）

目標　自分を表現できる力をシェアして成長し、互いを尊敬する心を育てる

意図・願い　ポジティブに「自分」を伝えよう！

◆ポートフォリオを活かし、自分の得意や自分らしさをプレゼンテーションすることで、"自分"を表現する楽しさを知ってほしい。また、自分自身を見つめ直す機会となる。

◆ポートフォリオを活かし、得意なことやどうしたら得意になれるのかを伝えることで、友達同士の会話が増える。

◆友達にわかりやすくプレゼンテーションすることで、素材を取捨選択し、活用する力や的確な表現力などを身につける。

展開の流れとポイント

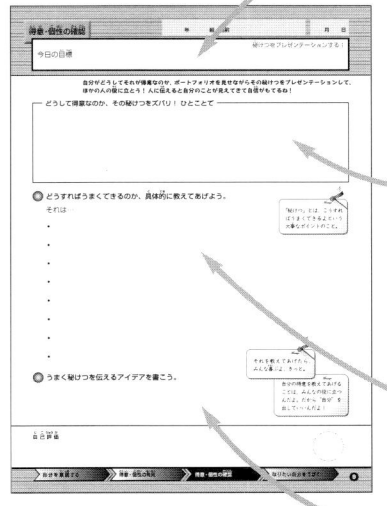
シート❾

1. **今日の目標を書く**
   〈例〉秘けつをプレゼンテーションする！

2. **プレゼンテーションする目的をつかむ**
   先生「プレゼンテーションをする目的は、自分の得意を伝え、どうしたらそうなれるのかコツや秘訣を共有して人の役に立つことだよ。」
   〈進行手順の例〉一人ひとり発表する（発表時間は一人3分、質問2分など）

3. **「何が得意なのか」を書いて、その秘訣をズバリひとことで書く**
   書けない子にはこんなふうに言おう。
   先生「例えば『編み物が上手になる秘訣』『犬を上手にしつける秘訣』など。教科のことでもいいよ。『漢字を覚える秘訣』なんかもいいね。みんなも知りたがるね！」

4. **聞いた人がわかるように、その秘訣を具体的に書く**
   うまくなるためには、どうしたらいいのか、コツや秘訣を具体的に書き出し、みんなに言えるようする。

5. **うまく秘訣を伝えるアイデアを書く**
   〈例〉編んだセーターなど"実物"を見せながらプレゼンテーションする。

★KEY　「秘訣をみんなに伝えることは自慢じゃないんだよ。あなたがそれを伝えてくれると、みんなもうまくなれる、みんなのためになるんだよ。」とニッコリ言おう。

★KEY　自分のことを話すことって、実はすごくうれしく楽しいこと!!

★KEY　タイムキープするために"チン"と鳴る鐘を使うと、笑いも湧いて楽しい。

ここが重要！

・「このクラスは30人いるから30も秘訣が共有できるね。すごい素敵！」と伝えよう。

ポートフォリオで秘訣をshare&自信をget！

　前向きに明るく自分のことを人に伝えられる力をつけましょう。シート❽とシート❾を使い、ポートフォリオを広げてプレゼンテーションし、自分の得意なことの秘訣をみんなでシェアしましょう。そうすると、お互いに知らなかった素敵さや個性を知り、尊敬し合うきっかけにもなります。何より子どもが自分に自信をもちますよ。

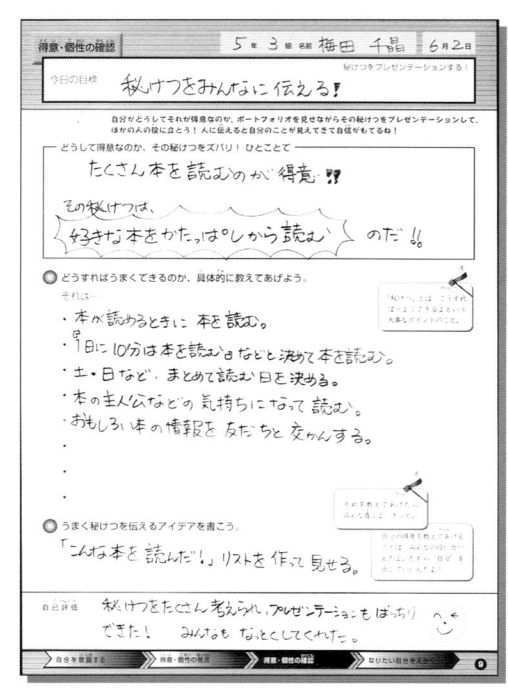
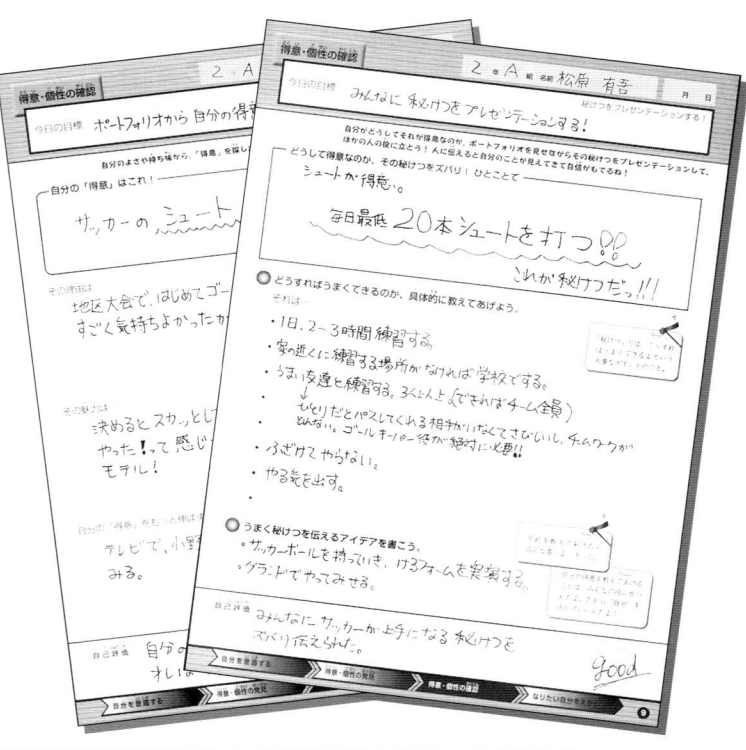

解説 ポートフォリオシート❿⓫

月　日（　）

目標　友達やまわりの人から認められることにより、自分のよさを再確認する

意図・願い　"リターン"をもらい、やる気倍増！

◆友達のプレゼンテーションを聞きながら、なるほどと思ったことをメモにとって自分に役立てる。同時に、伝えてくれた相手に「ここは役に立ったよ、ありがとう。」というメッセージを渡し合うことで、友達同士が尊敬し合うきっかけになる。

◆友達から自分についてのプラス評価のリターンをもらい、自分自身のよさについて素直に受け入れ、前向きな気持ちになる。

展開の流れとポイント

シート❿

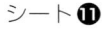

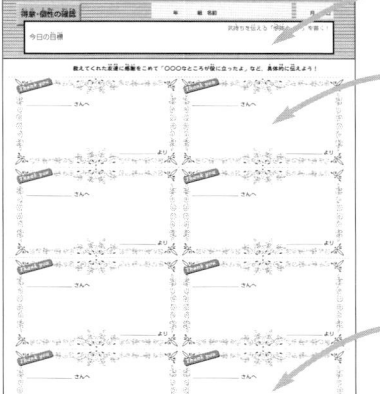

1. **今日の目標を書く**
   〈例〉友達のプレゼンテーションから学ぶ！

2. **プレゼンテーションを聞きながらメモをとる**
   プレゼンテーションを聞きながら、ここが自分にも役に立った、よかったというところをどんどんメモする。発表者の名前も書く。

シート⓫

3. **今日の目標を書く**
   〈例〉気持ちを伝える「感謝カード」を書く！

4. **感謝を伝える**
   シート❿を見ながら、その人のよさや気づいたことを感謝カードに記入する。
   〈例〉「すごいね！　自分もバスケがうまくなりたいから絶対もう秘訣盗んじゃうもんね！」

5. **感謝カードをお互いに交換する**
   渡された子どもは、自分が役に立ったと嬉しい気持ちになり、誇りも感じる。

★KEY　プレゼンテーションの前にポートフォリオの中身を再構築する場面を入れてもいい。そこで素材を取捨選択する力や表現力などがつく。

（「進路成功ポートフォリオ解説書」のP 21参照）

ここが重要！

・「字がきれいでなくてもいいんだよ。とにかく"コレ"って思ったらどんどん書いて、大事なことはアンダーラインとか引いてもいいね。」と子どもたちに伝える。

・子どもたちが自分の得意なことの秘訣を披露したり、それに対してリターンをもらったりするこのシーンは、教室の中が盛り上がっていい雰囲気になる。

・話すのが苦手な子も、ポートフォリオを使うと安心して人前でよく話す。

解説 ポートフォリオシート ❶❷❸

月　日（　）

目標　家族からの手紙を読んで、日頃気づかない自分を知る　今後の具体的な目標をもつ

意図・願い　励ましを未来への力にする！

◆ポートフォリオを家族に見てもらい、家族の視点で書かれた手紙から、日頃気がつかない自分の得意なことやよさを発見する。

◆家族からの手紙をじっくり読み返すことで、あらためて自分の内面を見つめることとなる。そして、これから自分らしさをどう伸ばしていくかということを考えるヒントにする。

展開の流れとポイント

授業の予告
前もって保護者に協力依頼書（次ページ参照）とシート❷を渡して記入してもらい、子どもたちが授業に持ってくるようにしておく。

シート❷

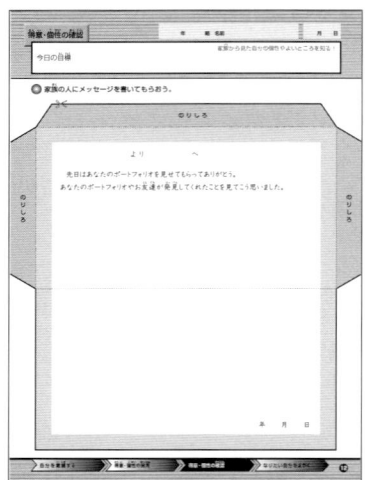

シート❸

1. 今日の目標を書く
〈例〉自分の得意や個性をいかして「なりたい自分」をえがく！

2. 静かに手紙を読む
（「何が書いてあるかなー」とワクワクして、開けた瞬間に、励ましやほめ言葉が書いてある！）
家族からの手紙を見て、あらためて自信をもち、自分の得意なことやよさを自覚する。

3. 「これから伸ばしたい自分の得意」とその理由を書く
新しい自分のよさが見つかったら、シート❶の「今の自分のPRをひとこと」に書いてもいい。

4. 将来「なりたい自分」の姿を描いて書く
シート❶にも、濃いペンではっきりと清書する。

★KEY 口では照れて言いにくいことも手紙なら伝えられる。

ここが重要！

・ポートフォリオを使った「自分発見」の学習の意味を保護者にも伝え、理解してもらう。
・友達もほめてくれた、家族の人もほめてくれたということで、何かやる気が出てくる。「自分って、捨てたもんじゃないな」って思うことで自分の未来をよくすることにつなげていく。

※シート集❿で使用する文書です。

保護者への協力依頼文例 ➡ B5の用紙にそのままコピーしてお使いいただけます。

平成　　年　　月　　日

保護者　　様

学級担当

協　力　依　頼　書

　現在第　　学年は、「自分のよさや個性を発見しよう」という学習を行っております。この学習では、自分の成長や学習のプロセスを綴じ込んだポートフォリオ（書類綴じファイル）を作成し、互いに発表し合って互いのよさを認め合うなど様々な活動をしております。子どもたちが作成したポートフォリオを、最も身近な保護者の方にご覧いただき、励ましのお手紙を書いていただきたいと考えております。

　子どもたちが持ち帰ったポートフォリオを、どうか丁寧に見てあげてください。そして、そこに記載されている子ども自身の言葉や友人からのメッセージなどを通じてお子さんの成長を感じていただき、これからの学校生活や将来についての保護者の方からの願いなどを、お手紙に記していただきますようお願いいたします。

＜お願い＞
1　ぜひ、お子さんが読んで嬉しい、やる気が出る内容にしてください。
2　作成したポートフォリオやお子さんの話からよいところを認め、今後の生活に前向きに取り組もうとする励ましをお願いします。
3　お手紙は、お子さんの名前であて名を記入の上、封をして　　月　　日（　　）までにお子さんにお渡しください。

※　お手紙の用紙はポートフォリオシート❿です。スペースが足りなければ便箋やレポート用紙等を追加してください。

自分発見ポートフォリオ　17

解説 ポートフォリオシート ⑭

月　日（　）

目標
未来へ思いを馳せ、今日できることをスタートさせる

意図・願い
未来のために"今"の自分をギアチェンジ！

◆自分の気持ちのもち方や考え方、行動を変えることで未来はひらけたりするもの。このシートを活かすことで、そのきっかけにしてほしい。

◆まず未来の自分を描く。そこへ近づくために今できることを真剣に考えてほしい。それが望む未来を手に入れる第一歩。

展開の流れとポイント

シート⑭

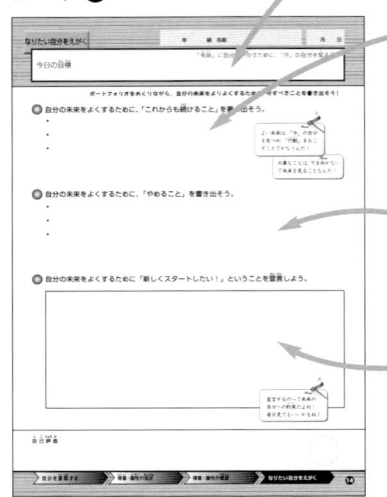

1. **今日の目標を書く**
   〈例〉「未来」に自分をいかすために、「今」の自分を変える！

2. **自分の未来をよくするために「これからも続けること」を書く**
   先生「今していることで自分の生活や健康、将来に対して役立ちそうなことは何だろう？ "コレ！" と思うものを見つけて書こう。例えば、クラブ活動、日記をつける、ニュースを見る…など。」

3. **自分の未来をよくするために「やめること」を書く**
   例えば、長電話、ゲーム、寝坊…など。

4. **自分の未来をよくするために「今、新たにスタートすること」を宣言する**
   例えば、一週間に一冊本を読む、大きな声であいさつをする…など。
   自分の未来をよくするための「やる気宣言」を記入する。

   ★KEY　書き込んだシートをコピーしていつでも目につくように貼っておいてもいいね。

   ★KEY　大事なことは未来に向けて、今"準備"すること！

〈例〉

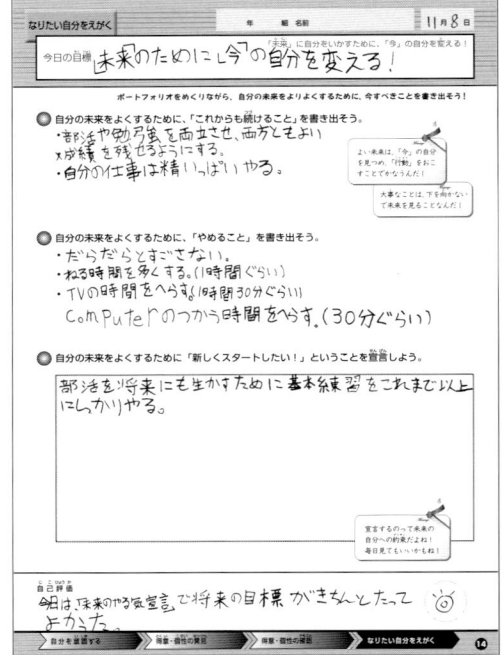

ここが重要！
子どもたちにこう伝えよう。
・「前向きな気持ちで、未来をイメージしてどんどん書いてみよう。」

自分発見ポートフォリオ　自分を意識する　得意・個性の発見　得意・個性の確認　なりたい自分をえがく

未来をひらくポートフォリオ

ポートフォリオを作ってみて
四年三組　梅田千晶

ポートフォリオをつくるとき、はじめはこれって何とか思っていたけど、作って、ポートフォリオがとても大切なものに変わっていきました。自分がこんなことができるなんて知りませんでした。
ポートフォリオを作って自分のいいところがたくさん見つけられてよかったなあと思っています。これからいろんなことにちょう戦しようと頭に浮かんできました。

ポートフォリオで自分のやりたいことが見えた
●●中学校　2-A　松原　有吾

ポートフォリオを作ることになり、家の中を探した。小学校6年の時にもらったマラソンの賞状などが出てきた。自分が努力した証しを見ていたらなんだか自信が出てきた。
それをポートフォリオに入れていくうちに、自分のしたいことがはっきり見えてきた。なんだか未来が楽しみになった。これからもポートフォリオにいろいろ入れていきたい。

ポートフォリオは、その完成品を作ることが目的ではありません。
今の自分を見つめ、自信を感じたり個性や得意を発見すること、
そして何より未来のために使うことに大きな目的があります。
それは彼らがいつの日か自分の夢をかなえようと未来にチャレンジする
価値ある切り札となるでしょう。

活用資料 ポートフォリオの種類

　ポートフォリオは大きく二つに分けることができます。一つは「テーマポートフォリオ」、これは、ある「テーマ」に沿った活動プロセスや資料、その成果などを一元化したものです。もう一つは「パーソナルポートフォリオ」、これは個人のこれまでの仕事歴や作品歴をファイル化したものを指します。どちらのポートフォリオも自らの成長と未来をひらくために役立ちます。

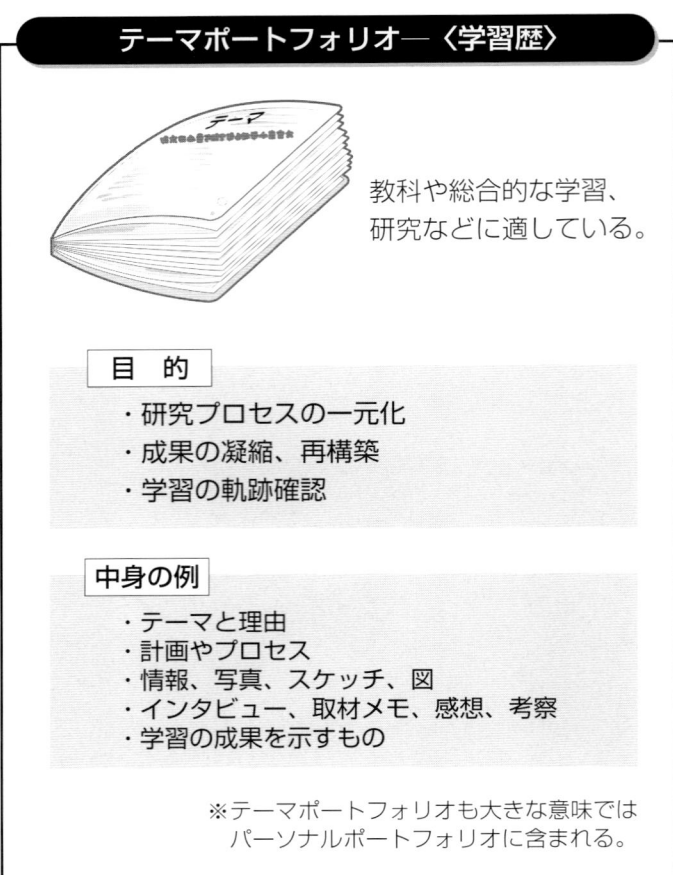

テーマポートフォリオ—〈学習歴〉

教科や総合的な学習、研究などに適している。

目的
- 研究プロセスの一元化
- 成果の凝縮、再構築
- 学習の軌跡確認

中身の例
- テーマと理由
- 計画やプロセス
- 情報、写真、スケッチ、図
- インタビュー、取材メモ、感想、考察
- 学習の成果を示すもの

※テーマポートフォリオも大きな意味ではパーソナルポートフォリオに含まれる。

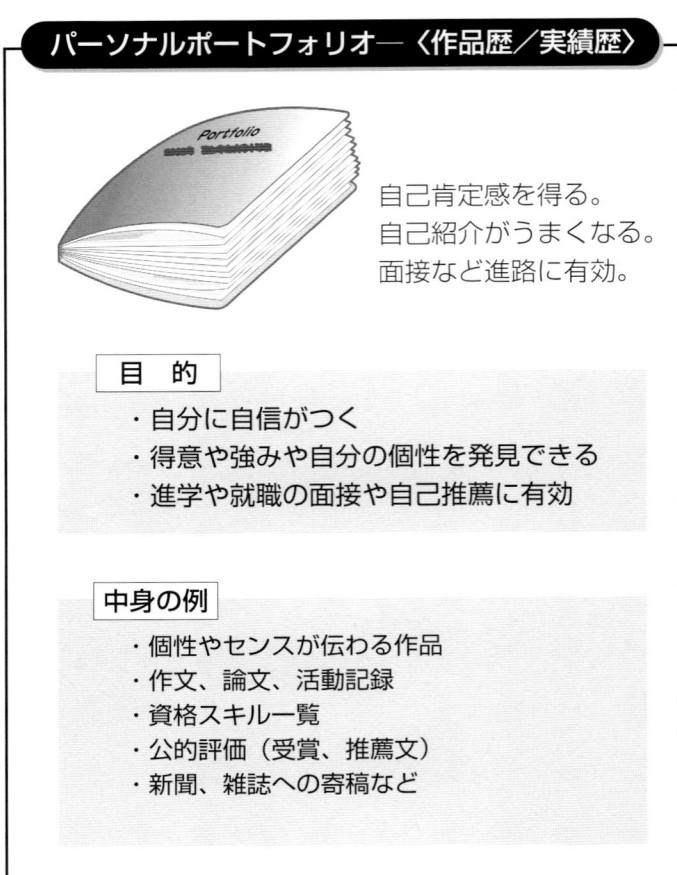

パーソナルポートフォリオ—〈作品歴／実績歴〉

自己肯定感を得る。
自己紹介がうまくなる。
面接など進路に有効。

目的
- 自分に自信がつく
- 得意や強みや自分の個性を発見できる
- 進学や就職の面接や自己推薦に有効

中身の例
- 個性やセンスが伝わる作品
- 作文、論文、活動記録
- 資格スキル一覧
- 公的評価（受賞、推薦文）
- 新聞、雑誌への寄稿など

「未来教育1 自分発見ポートフォリオ」と「未来教育3 進路成功ポートフォリオ」はパーソナルポートフォリオに含まれます。「未来教育2 総合的な学習／プロジェクト学習ポートフォリオ」は「テーマポートフォリオ」に含まれます。

パーソナルポートフォリオの作り方〜教師編〜

　教師の日々における価値ある軌跡をファイル化し、ポートフォリオを作りましょう。新しい学級を受け持ったとき、転任した際の自己紹介やキャリアアップなど、未来にチャレンジするときに役立ちますよ！

例えばこんな中身を…
- □「授業案」「学級通信」「研究紀要」
- □ 資格、特技、技能がわかるもの
- □ 講演会や研修会の参加歴（自己研鑽記録）
- □ 公的評価（受賞、推薦文）
- □ 読書歴、学習歴、スポーツ歴、ボランティア歴
- □ 子どもたちとの写真・手紙…など

Point 価値あるものは、必ずとっておくこと。講演会、研修会など、自己成長のために参加したセミナーの記録も、自分自身でしっかりとメモをつけておく習慣を身につける。自分を高める価値あるものは、すべて未来へ活かそう。

ポートフォリオ活用の授業案

活用資料

ねらい
- 「自分を出す勇気」が身につく
- プレゼンテーションが上手になる
- 友達同士お互いに尊敬し合う

1 「ポートフォリオ」を作る　　月　　日

「あなたが伝わるもの、あなたの持ち味や得意や個性などがわかるものを探してみよう。そして、それをどんどんファイルへ入れてポートフォリオを作ろう。」と子どもたちへ伝える。

2 「私の得意・個性」を発見する　　月　　日

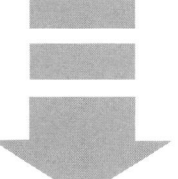

様々な自分に関するものが入ったポートフォリオを見ながら、子どもたちは「私はこれが得意なんだ、ちょっとうまいかもしれない」というものを探し、**シート❽**に書く。

〈例〉泳ぎがうまい・走るのが速い・掃除がうまい・料理がうまい・○○に詳しい・サッカーがうまい・話すことがうまい・字がきれい・歌がうまい…

3 どうして得意なのかその「秘訣」を書く　　月　　日

どうしてそれがうまくできるのかその秘訣や方法を考え**シート❾**に書く。「私は○○が得意です。その秘訣は○○です。ポイントは○○と○○です。こうすれば誰でもうまくできますよ！」というふうに書く。

4 みんなへ「秘訣」をプレゼンテーション　　月　　日

シート❽と**❾**を使い、みんなの前で秘訣やコツを披露してみんなで共有する。聞く側も**シート❿**を手に持ち、役立ちそうなことをメモする。そのとき自由に質問やアイデアを言える時間も用意する。秘訣を教えてもらったら「感謝カード（**シート⓫**）」を渡し合う。

5 一人の得意を共有、みんなで成長！　　月　　日

シート❾を壁に並べて貼っておく。するとそこが「知の共有」コーナーとなり、クラスのみんなの役に立つ。さらにその秘訣を実践してみて、もっといい秘訣や方法を考えて発展させたりする。

活用資料

ポートフォリオの校内研修プラン（45分）

ねらい	・ポートフォリオとは何なのか「目的」や「使い方」、「意義」などを楽しく理解すること ・ポートフォリオは自尊感情や表現力、コミュニケーション力に効果的！と実感すること
準備	・クリアポケットファイル＋「自分発見ポートフォリオシート集」×人数分（P24参照） ・インターネット環境＋ビデオプロジェクター、黒板…など

1　「目的」と「全体の流れ」を説明　　3分
進行役：何のためにこの研修をするのか、どんな流れであるのか伝える。これからの流れ（時間配分も）は模造紙に大きく描き、みんなで共有してからスタートする。「これから、このような流れでします。」

2　ポートフォリオの効果について　　3分
なぜポートフォリオを導入するとよいのかを伝える。「ポートフォリオをすると、子どもたちが自分に自信をもつ、自分を好きになる。進路に役立つし、個性の発見にもなる、ほらね！」と効果的な事例を紹介する。
（学研「こうだったのか!!ポートフォリオ」のP118、P126参照）

3　ポートフォリオの基本的な説明　　2分
「ポートフォリオの目的、作り方、活かし方は……」

4　事例研究 ― 動画サイト視聴　　5分
鈴木敏恵の動画サイト視聴。未来教育 e - ラーニングサイト　www.mirai-portfolio.net　「ポートフォリオとは」のところをクリック。見たあと、感想などを自由に話し合おう。

5　ファイルを配り、入れ方のルールを説明する　　2分
クリアポケットファイルを配り、入れ方のルール「①時系列で入れる。②入れるものには日付を忘れずに。」と説明する。

6　ポートフォリオ作り体験　　15分
「パーソナルポートフォリオを作ってみましょう！さあ、みなさん。あなたの個性や持ち味が伝わるものをファイルに入れてみてください。例えば…子どもたちとの写真・クラブの活動歴・卒業生からの近況報告・表彰状・コレクションなど。」先生方は机の引き出しを探したりとか、にぎやかでなかなか楽しい雰囲気。
※事前にファイルに入れるものを持ってくるよう予告しておく。

7　自己プレゼンテーション　　15分
「ポートフォリオを活かして、あらためて自己紹介してくださる方！」「実は私は、これができるんです！」先生方、意外な特技を次々披露…。できるだけ全員がプレゼンテーションする。（注意！淡々と聞かない、シーンとしない。拍手・笑い・質問・ワイワイと楽しくね！　進行役の腕の見せどころですよ！）

8　実行へのプラン作成……
各学年・学級でどう始めていくか、プランを話し合う。でもまずは、「ポートフォリオって楽しいね！」そう先生が感じてくだされば大成功!! 楽しんで！笑顔で！校内研修を終える！

未来教育e-ラーニングでも完全サポート！

www.mirai-portfolio.net

鈴木敏恵が『動画』で楽しく講義！ いつでも、どこでも見ることができます。

＜意志ある学び　未来教育＞をサポートする未来教育e-ラーニングサイトです。
ポートフォリオを効果的にスタートしたい！
子どもたちの意欲が湧くプロジェクト学習をしたい！
授業でポートフォリオシートをどう使ったらいいの？
ここに応える、サイトです（無料）。

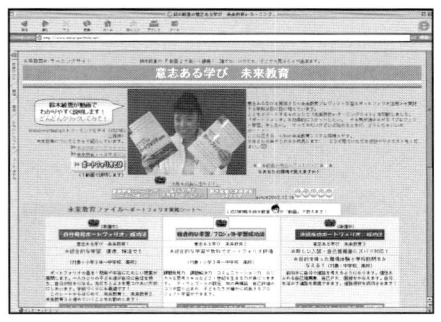

■未来教育e-ラーニングサイトとは…

未来教育e-ラーニングサイトとは、学校のブロードバンド化に対応し、鈴木敏恵と日本全国の先生方からなる未来教育e-プロジェクトが立ち上げた教育界初の動画講義をフルに活かしたサイトです。プロジェクト学習とポートフォリオ評価を授業でどう実践するかがわかります。総合的な学習や教科、進路などで実践するための戦略的手法を、鈴木敏恵が楽しくビデオコンテンツで解説します。

■未来教育プラットフォーム

＜意志ある学び　未来教育＞は子どもたちがもっている「やる気」「イメージする力」「問題解決力」など「21世紀を生きる力」を確かに引き出します。プロジェクト学習とポートフォリオを両輪とする未来教育は、どんな「題材・領域」にも対応できる普遍的なプラットフォームとなっています。

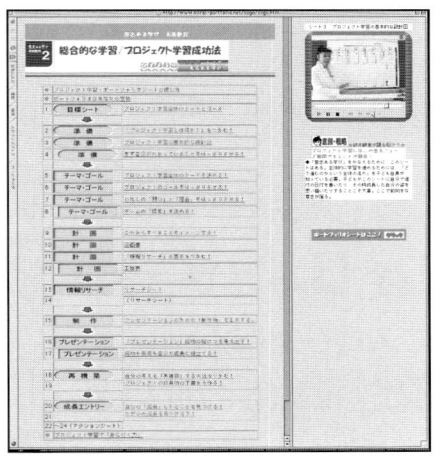

サイトは随時更新されます。

■コンテンツは…

未来教育ポートフォリオシート集1～3に対応しています。
子どもが確かに成長するコツが満載です！
1『自分発見ポートフォリオ』
2『総合的な学習/プロジェクト学習　ポートフォリオ』
3『進路成功ポートフォリオ』
の解説や使い方です。

鈴木敏恵　設計・プロデュース

意志ある学び 未来教育ポートフォリオシリーズ
子どもが元気が出るビビッドなカラーでラインナップ！

＜意志ある学び 未来教育＞1、2、3と段階的に活用して進めていくことをお勧めします！
　未来教育1『自分発見ポートフォリオ』で自分の個性を発見して自信をもち、未来教育2『総合的な学習/プロジェクト学習ポートフォリオ』ではプロジェクト学習を体験することで、自分で考える力と意欲をもって目標に向かう力をつけます。そして未来教育3『進路成功ポートフォリオ』では、これまでに身につけた力や個性を活かして自分の望む進路をかなえます。

児童・生徒用 240円（税込）　　教師用 630円（税込）

意志ある学び 未来教育1
『自分発見ポートフォリオ』シート集
★ 総合的な学習、道徳、特活で！

ポートフォリオの基本！　簡単で本当に楽しい授業が展開します。子どもたち一人ひとりが自分に自信をもち、自分が好きになる。友達とよさを見つけ合い大切にし合います。意欲や前向きな心を育みます。学級づくりにも最適です！

児童・生徒用 240円（税込）　　教師用 630円（税込）

意志ある学び 未来教育2
『総合的な学習/プロジェクト学習ポートフォリオ』シート集
★ 総合的な学習や教科でポートフォリオ評価！

課題発見力、課題解決力、コミュニケーション力、ロジカルな思考スキルなど21世紀を生きる力が身につきます。テーマとゴールの設定、知の再構築、自己評価のコツが盛り込まれ、子どもたちが確かに成長するプロジェクト学習ができます。

児童・生徒用 240円（税込）　　教師用 630円（税込）

意志ある学び 未来教育3
『進路成功ポートフォリオ』シート集
★ 新しい入試・自己推薦書にズバリ対応！
★ 目的意識をもった職場体験と学校訪問をかなえる！

前向きに自分の進路を考えるようになります。個性あふれる自己推薦書、自己PR、面接をかなえます。自分を活かす進路を実現できます。進路選択を成功させます！

未来教育ロゴ入り　　各150円（税別）

オリジナル
クリアポケットファイル30（ブルー・グリーン・オレンジ）
30ポケット　はがれにくい背シールつき

● ハリのある素材で、子どもが簡単に出し入れできます！
● 透明感があり、中に入れたものが見やすい30ポケット！
● パラパラとめくって俯瞰しやすく、ポートフォリオに最適！
● 元気の出るビビッドなカラーで3色。素材は環境にも配慮！